Miora - Vers le passé - Un rêve –

Poésie, poèmes et Madagascar

Et mon esprit partit aux pays fabuleux Où l'on
pense cueillir les camélias bleus et trouver
l'amour idéales

Amour, Le temps qui passe, Souvenir de Madagascar.

Heinz Duthel

Miora - Vers le passé - Un rêve

Poésie, poèmes et Madagascar

Impressum

Bibliografische Information der Deutschen
Nationalbibliothek:
Die Deutsche Nationalbibliothek verzeichnet diese
Publikation in der Deutschen Nationalbibliografie;
detaillierte bibliografische Daten sind im Internet
über http://dnb.dnb.de abrufbar.

© 2019 Vorname Nachname Heinz Duthel

Herstellung und Verlag: BoD – Books on Demand,
Norderstedt

ISBN: 9783744885485

Miora Amour, Le temps qui passe, Souvenir de Madagascar

Vers le passé,

Que de régal ! Ce texte est une vraie immersion dans la peau d'une femme, je dévore chaque mot écrit, ces vers me font virevolter tel un cerf-volant mépris de ces courants d'air, que dire à part magnifique.

Et mon esprit partit aux pays fabuleux Où l'on pense cueillir les camélias bleus et trouver l'amour idéales
Amour, Le temps qui passe, Souvenir de Madagascar

J'ai encore tant de pages à tourner,
apporte-moi mes brouillons,
que je donne la dernière main
au poème de notre rencontres

Tu me dis

Longuement poursuivi par le spleen détesté,
Quand je vais dans les champs, par les beaux
soirs d'été,
Au grand air rafraîchir mes tempes,
Je ris de voir, le long des bois, les fiancés
Cheminer lentement, deux par deux, enlacés
Comme dans les vieilles estampes.

Car je dédaigne enfin les baisers puérils
Et la foi des seize ans, fleur brève des avrils,
Éphémère duvet des pêches,
Qui fait qu'on se contente et qu'on est trop
heureux,
Si la femme qu'on aime a les bras amoureux,
L'âme neuve et les lèvres fraîches.

Elle est évanouie à jamais, la candeur
Qui fait que l'on s'éprend d'un petit air
boudeur
Qui n'est bien qu'à travers le voile,
Et qu'on n'a pas de mots assez ambitieux
Pour dire à ses amis qu'elle a de jolis yeux
Couleur de bleuet et d'étoile.
Et c'est la fin. Mon cœur, quitté des anciens
vœux,
Ne saura plus le charme infini des aveux
Et ce bonheur qui vous inonde,
Parce qu'un soir de mai, dans les bois, à
Meudon,
Sur votre épaule avec un geste d'abandon

Elle a posé sa tête blonde.
Et pourtant j'ai connu tout cela ; j'ai connu
Même ces doux projets de bonheur ingénu
Dont l'âme si bien s'accommode :
L'hiver, le coin du feu, la chambre aux sourds tapis,
Et, dans un frais berceau, deux enfants assoupis
Auprès de leur mère qui brode.
Mais cet espoir, hélas ! d'un avenir doré,
Ces apparitions, ces rêves ont duré
Le temps d'une aube boréale,
Et mon esprit partit aux pays fabuleux
Où l'on pense cueillir les camélias bleus
Et trouver l'amour idéale.
Là, j'ai beaucoup souffert, et j'en reviens meurtri.
En d'indignes plaisirs à jamais j'ai flétri
Les saintes blancheurs de mon âme.
Je reviens du rivage où j'avais émigré,
Et j'ai le front très pâle ; et cependant, malgré
Ce que j'ai souffert par la femme,
Malgré ce cœur brisé, sans espoir et sans foi,
Ces débauches qu'on fait à la fin malgré soi
Comme de hideuses besognes,
Sans cesse je retourne à mon passé riant,
Ainsi qu'aux premiers froids toujours vers l'Orient
Reviennent les blanches cigognes.

Vous m'avez dit, tel soir…

Vous m'avez dit, tel soir, des paroles si belles

Que sans doute les fleurs, qui se penchaient
vers nous,

Soudain nous ont aimés et que l'une d'entre
elles,

Pour nous toucher tous deux, tomba sur nos
genoux.

Vous me parliez des temps prochains où nos
années,

Comme des fruits trop mûrs, se laisseraient
cueillir

Comment éclaterait le glas des destinées,

Comment on s'aimerait, en se sentant vieillir.

Votre voix m'enlaçait comme une chère étreinte,

Et votre cœur brûlait si tranquillement beau

Qu'en ce moment, j'aurais pu voir s'ouvrir sans
crainte

Les tortueux chemins qui vont vers le tombeau.

Vers d'amour

Tu gardes dans tes yeux la volupté des nuits,
O Joie inespérée au fond des solitudes !
Ton baiser est pareil à la saveur des fruits
Et ta voix fait songer aux merveilleux préludes
Murmurés par la mer à la beauté des nuits.

Tu portes sur ton front la langueur et l'ivresse,
Les serments éternels et les aveux d'amour,
Tu sembles évoquer la craintive caresse
Dont l'ardeur se dérobe à la clarté du jour
Et qui te laisse au front la langueur et l'ivresse.

Vers à mettre en chant

Voici les lieux charmants où mon âme ravie
Passait à contempler Silvie
Les tranquilles moments si doucement perdus.
Que je l'aimais alors, que je la trouvais belle!
Mon coeur, vous soupirez au nom de l'infidèle:
Avez-vous oublié que vous ne l'aimez plus?

C'est ici que souvent, errant dans les prairies,
Ma main des fleurs les plus chéries
Lui faisait des présents si tendrement reçus.
Que je l'aimais alors, que je la trouvais belle!
Mon coeur, vous soupirez au nom de l'infidèle:
Avez-vous oublié que vous ne l'aimez plus?

Vénus

Vénus,
La joie est morte au jardin de ton corps
Et les grands lys des bras et les glaïeuls des
lèvres
Et les grappes de gloire et d'or,
Sur l'espalier mouvant que fut ton corps,
ont morts.

Les cormorans des temps d'octobre ont laissé
choir
Plume à plume, leur deuil, au jardin de tes
charmes ;

Mélancoliques, les soirs
Ont laissé choir
Leur deuil, sur tes flambeaux et sur tes armes.

Hélas ! Tant d'échos morts et mortes tant de
voix !
Au loin, là-bas, sur l'horizon de cendre rouge,
Un Christ élève au ciel ses bras en croix :
Miserere par les grands soirs et les grands bois !

Vénus,
Sois doucement l'ensevelie,
Dans la douceur et la mélancolie

Et dans la mort du jardin clair ;
Mais que dans l'air
Persiste à s'exalter l'odeur immense de ta chair.

Tes yeux étaient dardés, comme des feux
d'ardeur,
Vers les étoiles éternelles ;
Et les flammes de tes prunelles
Définissaient l'éternité, par leur splendeur.

Tes mains douces, comme du miel vermeil,
Cueillaient, divinement, sur les branches de
l'heure,
Les fruits de la jeunesse à son éveil ;
Ta chevelure était un buisson de soleil ;

Ton torse, avec ses feux de clartés rondes,
Semblait un firmament d'astres puissants et
lourds ;
Et quand tes bras serraient, contre ton coeur,
l'Amour,
Le rythme de tes seins rythmait l'amour du
monde.

Sur l'or des mers, tu te dressais, tel un
flambeau.

Tu te donnais à tous comme la terre,
Avec ses fleurs, ses lacs, ses monts, ses
renouveaux
Et ses tombeaux.

Mais aujourd'hui que sont venus
D'autres désirs de l'Inconnu,
Sois doucement, Vénus, la triste et la perdue,
Au jardin mort, parmi les bois et les parfums,
Avec, sur ton sommeil, la douceur suspendue
D'une fleur, par l'automne et l'ouragan, tordue.

Valse mystique

A mon ami

Le soir, quand paraît la première étoile,
Les coeurs de tous ceux qui sont morts d'amour
Viennent vers la terre et fendent le voile
Qui les cache aux yeux des vivants, le jour.
Alors, dans la nuit brune et fantastique,
Leur sang meurtri pleut et retombe en pleurs
Sur l'herbe, troublant la mélancolique
Chanson de sanglots du vent dans les fleurs.

Et les coeurs en peine, et les pauvres coeurs
Dansent dans les airs la valse mystique !…

Ils accourent tous !… le coeur du poète
Et de son amante aux yeux langoureux,
Le coeur de l'éphèbe à la blonde tête,
Le coeur torturé des vieux amoureux,
Le coeur de la vierge aimante et pudique,
Le coeur de la femme aux baisers trompeurs,
Ils accourent tous !… pris d'un nostalgique
Besoin de revoir le val des douleurs.

Et les coeurs en peine, et les pauvres coeurs
Dansent dans les airs la valse mystique ! …

Ils tournent noyés dans des flots d'extase,
Parmi des parfums lourds et capiteux
Tandis que la lune au front de topaze

Etincelle au fond du ciel nébuleux ;
Et leur tourbillon noir et magnétique
Poursuit son chemin, semant des lueurs
D'or en fusion dans la magnifique
Splendeur de l'espace aux vagues pâleurs.

Et les coeurs en peine, et les pauvres coeurs
Dansent dans les airs la valse mystique !…

Mais, sitôt que perce un clair rayon d'aube
Et qu'un chant d'oiseau bruit dans le vallon,
Leur essaim léger au loin se dérobe
Et plus rien !… alors, plaintifs, ils s'en vont,
Pour rentrer, passer sous le grand portique
D'azur diaphane enlacé de fleurs
D'opale où le Dieu calme et pacifique
Dénombre, un par un, le troupeau des coeurs.

Et le lendemain, tous les pauvres coeurs
Reviennent danser la valse mystique.

Usons ici le fiel de nos fâcheuses vies

… Usons ici le fiel de nos fâcheuses vies,
Horriblant de nos cris les ombres de ces bois :
Ces roches égarées, ces fontaines suivies
Par l'écho des forêts répondront à nos voix.

Les vents continuels, l'épais de ces nuages,
Ces étangs noirs remplis d'aspics, non de
poissons,
Les cerfs craintifs, les ours et lézardes sauvages
Trancheront leur repos pour ouïr mes chansons.

Comme le feu cruel qui a mis en ruine
Un palais, forcenant léger de lieu en lieu,
Le malheur me dévore, et ainsi m'extermine
Le brandon de l'amour, l'impitoyable dieu.

Hélas ! Pans forestiers et vous faunes sauvages,
Ne guérissez-vous point la plaie qui me nuit,
Ne savez-vous remède aux amoureuses rages,
De tant de belles fleurs que la terre produit ?

Au secours de ma vie ou à ma mort prochaine
Accourez, déités qui habitez ces lieux,
Ou soyez médecins de ma sanglante peine,
Ou faites les témoins de ma perte vos yeux.

Relégué parmi vous, je veux qu'en ma demeure
Ne soit marqué le pied d'un délicat plaisir,
Sinon lorsqu'il faudra que consommé je meure,

Satisfait du plus beau de mon triste désir.
Le lieu de mon repos est une chambre peinte
De mil os blanchissants et de têtes de morts,
Où ma joie est plus tôt de son objet éteinte :
Un oubli gracieux ne la pousse dehors.

Sortent de là tous ceux qui ont encore envie
De semer et chercher quelque contentement,
Viennent ceux qui voudront me ressembler de
vie
Pourvu que l'amour soit cause de leur
tourment.

Je mire en adorant dans une anatomie
Le portrait de Diane entre les os, afin
Que voyant sa beauté ma fortune ennemie
L'environne partout de ma cruelle fin.

Dans le corps de la mort j'ai enfermé ma vie,
Et ma beauté paraît horrible entre les os.
Voilà comment ma joie est de regret suivie,
Comment de mon travail ma mort seule a repos.
[…]

Une promenade au Jardin des Plantes

Sous ces arbres chéris, où j'allais à mon tour
Pour cueillir, en passant, seul, un brin de verveine,
Sous ces arbres charmants où votre fraîche haleine
Disputait au printemps tous les parfums du jour ;
Des enfants étaient là qui jouaient alentour ;
Et moi, pensant à vous, j'allais traînant ma peine ;
Et si de mon chagrin vous êtes incertaine
Vous ne pouvez pas l'être au moins de mon amour.
Mais qui saura jamais le mal qui me tourmente ?
Les fleurs des bois, dit-on, jadis ont deviné !
Antilope aux yeux noirs, dis, quelle est mon amante ?

Ô lion, tu le sais, toi, mon noble enchaîné ;
Toi qui m'as vu pâlir lorsque sa main charmante
Se baissa doucement sur ton front incliné.
Une femme est l'amour

Une femme est l'amour, la gloire et l'espérance ;
Aux enfants qu'elle guide, à l'homme consolé,
Elle élève le coeur et calme la souffrance,
Comme un esprit des cieux sur la terre exilé.

Courbé par le travail ou par la destinée,
L'homme à sa voix s'élève et son front s'éclaircit

;

Toujours impatient dans sa course bornée,
Un sourire le dompte et son coeur s'adoucit.

Dans ce siècle de fer la gloire est incertaine :
Bien longtemps à l'attendre il faut se résigner.
Mais qui n'aimerait pas, dans sa grâce sereine,
La beauté qui la donne ou qui la fait gagner ?

Une charogne

Rappelez-vous l'objet que nous vîmes, mon âme,
Ce beau matin d'été si doux:
Au détour d'un sentier une charogne infâme
Sur un lit semé de cailloux,

Le ventre en l'air, comme une femme lubrique,
Brûlante et suant les poisons,
Ouvrait d'une façon nonchalante et cynique
Son ventre plein d'exhalaisons.

Le soleil rayonnait sur cette pourriture,
Comme afin de la cuire à point,
Et de rendre au centuple à la grande Nature
Tout ce qu'ensemble elle avait joint;

Et le ciel regardait la carcasse superbe
Comme une fleur s'épanouir.
La puanteur était si forte, que sur l'herbe
Vous crûtes vous évanouir.

Les mouches bourdonnaient sur ce ventre putride,
D'où sortaient de noirs bataillons
De larves, qui coulaient comme un épais liquide
Le long de ces vivants haillons.

Tout cela descendait, montait comme une vague
Ou s'élançait en pétillant

On eût dit que le corps, enflé d'un souffle
vague,
Vivait en se multipliant.

Et ce monde rendait une étrange musique,
Comme l'eau courante et le vent,
Ou le grain qu'un vanneur d'un mouvement
rythmique
Agite et tourne dans son van.
Les formes s'effaçaient et n'étaient plus qu'un
rêve,
Une ébauche lente à venir
Sur la toile oubliée, et que l'artiste achève
Seulement par le souvenir.

Derrière les rochers une chienne inquiète
Nous regardait d'un oeil fâché,
Epiant le moment de reprendre au squelette
Le morceau qu'elle avait lâché.

– Et pourtant vous serez semblable à cette
ordure,
A cette horrible infection,
Etoile de mes yeux, soleil de ma nature,
Vous, mon ange et ma passion!

Oui! telle vous serez, ô la reine des grâces,
Apres les derniers sacrements,
Quand vous irez, sous l'herbe et les floraisons
grasses,
Moisir parmi les ossements.

Alors, ô ma beauté! dites à la vermine
Qui vous mangera de baisers,
Que j'ai gardé la forme et l'essence divine
De mes amours décomposés!

Une beauté de vingt cinque ans enfantine

Une beauté de vingt cinque ans enfantine,
Un or frisé de maint crêpe anelet,
Un front de rose, un teint damoiselet,
Un ris qui l'âme aux Astres achemine ;

Une vertu de telles beautés digne,
Un col de neige, une gorge de lait,
Un coeur jà mûr en un sein verdelet,
En Dame humaine une beauté divine ;

Un oeil puissant de faire jours les nuits,
Une main douce à forcer les ennuis,
Qui tient ma vie en ses doigts enfermée

Avec un chant découpé doucement
Ore d'un ris, or' d'un gémissement,
De tels sorciers ma raison fut charmée.

Un soir d'été

Le Rhin
Qui coule
Un train
Qui roule

Des nixes blanches
Sont en prière
Dans la bruyère

Toutes les filles
À la fontaine
J'ai tant de peine

J'ai tant d'amour
Dit la plus belle
Qu'il soit fidèle

Et moi je l'aime
Dit sa marraine
J'ai la migraine

À la fontaine
J'ai tant de haine

Un rossignol en mal d'amour

Un rossignol en mal d'amour
Chante et rechante tour à tour
Sur le mode
Majeur
Puis sur le mode mineur
Et je voudrais qu'il prît le ton de l'ode
Afin de te chanter à ce déclin du jour
Ma très chère ptit Lou toi ma très chèramour

Un rêve

Ballade

La corde nue et maigre,
Grelottant sous le froid
Beffroi,
Criait d'une voix aigre
Qu'on oublie au couvent
L'Avent.

Moines autour d'un cierge,
Le front sur le pavé
Lavé,
Par décence, à la Vierge
Tenaient leurs gros péchés
Cachés ;

Et moi, dans mon alcôve,
Je ne songeais à rien
De bien ;
La lune ronde et chauve
M'observait avec soin
De loin ;

Et ma pensée agile,
S'en allant par degré,
Au gré
De mon cerveau fragile,
Autour de mon chevet
Rêvait.

– Ma marquise au pied leste !
Qui ses yeux noirs verra,
Dira
Qu'un ange, ombre céleste,
Des choeurs de Jéhova
S'en va !

Quand la harpe plaintive
Meurt en airs languissants,
Je sens,
De ma marquise vive,
Le lointain souvenir
Venir !

Marquise, une merveille,
C'est de te voir valser,
Passer,
Courir comme une abeille
Qui va cherchant les pleurs
Des fleurs !

Ô souris-moi, marquise !
Car je vais, à te voir,
Savoir
Si l'amour t'a conquise,
Au signal que me doit
Ton doigt.

Dieu ! si ton oeil complice
S'était de mon côté
Jeté !
S'il tombait au calice

Une goutte de miel
Du ciel !

Viens, faisons une histoire
De ce triste roman
Qui ment !
Laisse, en tes bras d'ivoire,
Mon âme te chérir,
Mourir !

Et que, l'aube venue,
Troublant notre sommeil
Vermeil,
Sur ton épaule nue
Se trouve encor demain
Ma main !

Et ma pensée agile,
S'en allant par degré
Au gré
De mon cerveau fragile,
Autour de mon chevet
Rêvait !

– Vois-tu, vois-tu, mon ange,
Ce nain qui sur mon pied
S'assied !
Sa bouche (oh ! c'est étrange !)
A chaque mot qu'il dit
Grandit.

Vois-tu ces scarabées

Qui tournent en croissant,
Froissant
Leurs ailes recourbées
Aux ailes d'or des longs
Frelons ?

– Non, rien ; non, c'est une ombre
Qui de mon fol esprit
Se rit,
C'est le feuillage sombre,
Sur le coin du mur blanc
Tremblant.

– Vois-tu ce moine triste,
Là, tout près de mon lit,
Qui lit ?
Il dit : » Dieu vous assiste ! «
A quelque condamné
Damné !

– Moi, trois fois sur la roue
M'a, le bourreau masqué,
Marqué,
Et j'eus l'os de la joue
Par un coup mal visé
Brisé.

– Non, non, ce sont les nonnes
Se parlant au matin
Latin ;
Priez pour moi, mignonnes,
Qui mon rêve trouvais

Mauvais.

– Reviens, oh ! qui t'empêche,
Toi, que le soir, longtemps,
J'attends !
Oh ! ta tête se sèche,
Ton col s'allonge, étroit
Et froid !

Otez-moi de ma couche
Ce cadavre qui sent
Le sang !
Otez-moi cette bouche
Et ce baiser de mort,
Qui mord !

– Mes amis, j'ai la fièvre,
Et minuit, dans les noirs
Manoirs,
Bêlant comme une chèvre,
Chasse les hiboux roux
Des trous.

Un moment

Un moment suffira pour payer une année ;
Le regret plus longtemps ne peut nourrir mon
sort.
Quoi ! L'amour n'a-t-il pas une heure fortunée
Pour celle dont, peut-être, il avance la mort ?

Une heure, une heure, amour ! Une heure sans
alarmes,
Avec lui, loin du monde ! Après ce long
tourment,
Laisse encor se mêler nos regards et nos larmes ;
Et si c'est trop d'une heure... un moment ! Un
moment !

Vois-tu ces fleurs, amour ? C'est lui qui les
envoie,
Brûlantes de son souffle, humides de ses pleurs
;
Sèche-les sur mon sein par un rayon de joie,
Et que je vive assez pour lui rendre ses fleurs !

Une heure, une heure, amour ! Une heure sans
alarmes,
Avec lui, loin du monde ! Après ce long
tourment,
Laisse encor se mêler nos regards et nos larmes ;
Et si c'est trop d'une heure... un moment ! Un
moment !

Rends-moi le son chéri de cette voix fidèle :

Il m'aime, il souffre, il meurt, et tu peux le guérir !

Que je sente sa main, que je dise : « C'est elle ! »

Qu'il me dise : « Je meurs ! » alors, fais-moi mourir.

Une heure, une heure, amour ! Une heure sans alarmes,

Avec lui, loin du monde ! Après ce long tourment,

Laisse encor se mêler nos regards et nos larmes ;

Et si c'est trop d'une heure... un moment ! Un moment !

Un instant de paix

Sur les courbes de son épaule,
Pour me plaire, je les isole,
Ces morceaux de paix qui s'envolent,
Vers l'ivresse à fuir le contrôle,

Sur ses joues, gardiennes de flammes,
Je découvre là, en me penchant,
Les fleurs qui reflètent son âme,
La paleur de l'arum qui se sent,

Dans le creux de sa paume sucrée,
Où ma main retrouve son abri,
La protégeant de toutes les pluies,
Et la réchauffe des vents passés,

Dans ses bras, je me suis donc posé,
Pour entendre ce chant, cet écho,
Celui du cœur qui secoue ses os,
L'hymne qui garde tous ses secrets.

Un coin pour s'aimer

C'est ce banc dans un jardin, c'est cette pierre sur le chemin, c'est ce coin dans un couloir, c'est cette marche sur l'escalier,

c'est cet arbre dans un parc, c'est cet ascenseur dans l'immeuble, c'est cet endroit-là, celui du premier baiser.

Et ces lieux, sont les témoins de ces amours, ils voient passer les amants au premier jour de leurs idylles, ils entendent leurs

innocentes et tendres promesses, soufflées à l'aube de leurs naissantes romances juvéniles.

Et en ces lieux si souverains, l'amour si jeune, habite l'instant, il s'approprie ces espaces temporels, il s'installe dans ces

théâtres, ses quartiers, pour l'éternité, y loge tous ses espoirs et tous ses rêves, ses futurs souvenirs envoûtés.

Et c'est ainsi, qu'un beau jour, rien qu'en entendant évoquer, ne serait-ce que le nom d'un de ces lieux magiques et sacrés, les

souvenirs battent le rappel; un pincement au coeur et le regard vague, l'amant se souvient la passade, si fugace fût-elle.

Un clairvoyant faucon en volant par rivière

Un clairvoyant faucon en volant par rivière
Planait dedans le ciel, à se fondre apprêté
Sur son gibier blotti. Mais voyant à côté
Une corneille, il quitte une pointe première.

Ainsi de ses attraits une maîtresse fière
S'élevant jusqu'au ciel m'abat sous sa beauté,
Mais son vouloir volage est soudain transporté
En l'amour d'un corbeau pour me laisser
arrière.

Ha ! beaux yeux obscurcis qui avez pris le pire,
Plus propres à blesser que discrets à élire,
Je vous crains abattu, ainsi que fait l'oiseau

Qui n'attend que la mort de la serre ennemie
Fors que le changement lui redonne la vie,
Et c'est le changement qui me traîne au
tombeau.

Tu me dis

« j'aime mon bonheur, il me ressemble,
étranger lui-aussi, et autiste »

tu m'as dit qu'entre nous il n'y avait pas de
place pour le malheur,
et je te crois

parce que c'est la nuit

pas de place non plus pour le doute ;
tu me dis que les heures ont un sens,
celui du futur

que déjà le soleil se lève
mais pas ici encore,
que le moment arrivera
et je te crois

ensemble parcourant les plages de l'océan
sous le sourire de la lune
ensemble écoutant le ressac
tu me dis que tout cela a un sens

et je te crois.

Tu me dis que tu prendras ma main le moment
venu
quand j'aurai peur

mais qu'il n'y a pas lieu

pas vraiment de raison de mourir avant que ne
se lève le soleil de mai
que les mouettes ne s'affairent à me distraire
pour que je ne voie pas,
que je ne voie rien d'autre que ton visage
tu me dis qu'il n'y a pas lieu de souffrir,
que tu es là
et je te crois.

J'ai encore tant de pages à tourner,
apporte-moi mes brouillons,
que je donne la dernière main
au poème de notre rencontre.

Tu me dis

combien de fois m'auras-tu dit
que seul compte le moment présent
et je te crois

puisque déjà se lève le soleil, quelque part, à
l'Est,

mais pas ici

Tu crois au marc de café

Tu crois au marc de café,
Aux présages, aux grands jeux :
Moi je ne crois qu'en tes grands yeux.

Tu crois aux contes de fées,
Aux jours néfastes, aux songes.
Moi je ne crois qu'en tes mensonges.

Tu crois en un vague Dieu,
En quelque saint spécial,
En tel Ave contre tel mal.

Je ne crois qu'aux heures bleues
Et roses que tu m'épanches
Dans la volupté des nuits blanches !

Et si profonde est ma foi
Envers tout ce que je crois
Que je ne vis plus que pour toi.

Tristesse

J'ai perdu ma force et ma vie,
Et mes amis et ma gaieté;
J'ai perdu jusqu'à la fierté
Qui faisait croire à mon génie.

Quand j'ai connu la Vérité,
J'ai cru que c'était une amie ;
Quand je l'ai comprise et sentie,
J'en étais déjà dégoûté.

Et pourtant elle est éternelle,
Et ceux qui se sont passés d'elle
Ici-bas ont tout ignoré.

Dieu parle, il faut qu'on lui réponde.
Le seul bien qui me reste au monde
Est d'avoir quelquefois pleuré.
Ton sourire

J'ai porté ce sourire toute la journée, il m'a
habillée et m'a embellie, il m'a accompagnée et
m'a soutenue; je ne voulais plus
    m'en défaire, il était à mes côtés, là, à rayonner
sans se forcer.

J'ai souri souvent, aujourd'hui, en pensant à toi,
en pensant à nos paroles, en pensant que j'étais si
privilégiée, oh combien
    chanceuse j'étais, de t'avoir rencontré, de t'avoir
connu, et plus encore…

J'ai porté ce sourire toute la journée, c'est toi qui me l'a donné; ce matin, au réveil, tu étais mon premier rayon de soleil; j'ai

commencé la journée, toute en gaieté, ton sourire indélébile, dans mes pensées.

Toi

Toi c'est un mot
Toi c'est une voix
Toi c'est tes yeux et c'est ma joie

Toi c'est si beau
Toi c'est pour moi
Toi c'est bien là et je n'y crois

Toi c'est soleil
Toi c'est printemps
Toi c'est merveille de chaque instant

Toi c'est présent
Toi c'est bonheur
Toi c'est arc-en-ciel dans mon coeur

Toi c'est distant…
Toi c'est changeant…
Toi c'est rêvant et esquivant…

Toi c'est pensant…
Toi c'est taisant…
Toi c'est tristesse qui me prend…

Toi c'est fini.
Fini ? Pourquoi ?
Toi c'est le vide dans mes bras…
Toi c'est mon soleil qui s'en va…
Et moi, je reste, pleurant tout bas.

Tes cheveux irréels, aux reflets clairs et froids

Tes cheveux irréels, aux reflets clairs et froids,
Ont des lueurs de lune et des lumières blondes ;
Tes regards ont l'azur des éthers et des ondes ;
Ta robe a le frisson des brises et des bois.

Je brûle de baisers la blancheur de tes doigts.
L'air nocturne répand la poussière des mondes.
Pourtant je ne sais plus, au sein des nuits
profondes,
Te contempler avec l'extase d'autrefois.

Car l'Astre t'effleura d'une lueur oblique,
Et ce fut un éclair lugubre et prophétique
Révélant la hideur au fond de ta beauté.

Je vis, — oh la terreur de ce rêve profane ! —
Sur ta lèvre, pareille aux aurores d'été,
Un sourire fané de vieille courtisane.

Sus ! que mon âme donc aille servir son âme

Sus ! que mon âme donc aille servir son âme
Et que ce corps ne soit inutile à sa dame !
Premièrement je prie à mains jointes les dieux
Émus de mon ardeur, qu'ils fassent de mes
yeux
    Deux brillants diamants sur qui la molle audace
    Du poinçon acéré ne laisse aucune trace,
    Non plus que sur mon coeur on n'a jamais pu
voir
    Que le fer ni le feu aient eu aucun pouvoir.
    Ce sera pour complaire à la meurtrière vue
    Qui tira pai mes yeux mon coeur à l'impourvue,
    Ce sera pour orner et les mains et les doigts
    Qui serrèrent ma vie esclave sous ses lois.
    Que mes dents par les cieux soient faites
immortelles
    Changées pour jamais en tout autant de perles
    Sans tache ni obscur, comme sans tache aussi
    Fut mon amour, mon âme, et ma foi jusqu'ici.
    Ce sera pour lier cet obstiné courage
    A rendre pour l'amour la peine et le dommage,
    Ce sera pour lier sa chevelure en rond,
    Pour embellir son chef et couronner son front.
    Ma peau lui servira de véritable ocagne
    Meilleure qu'il n'en vient de la mi-maure
Espagne,
    Pour garantir du chaud du soleil outrageux
    Les mains de ma meurtrière, en sorte que je
veux

Garder contre le feu ce qui me met en cendre,
Et pour mille forfaits tel service lui rendre.
Et vous, mes nerfs, lassés de tirer mes malheurs,
Je veux que ci-après vous chantiez mes douleurs
Sur le luth enchanteur que ma maîtresse fière
A l'ouïr de ma mort lâchera en colère
Sur le dos de son lit. Change, coeur endurci,
Change, coeur obstiné, change de nom aussi :
Tu as aimé les coups et les piqûres
Et tu prends à plaisir et faveur les blessures ;
Quand mes yeux seront clos d'un éternel sommeil,
Tu auras un office et supplice pareil :
Tu serviras Diane et sur les mêmes brèches
Que firent dedans toi mille sanglantes flèches
Tu seras gardien des épingles qu'au soir
Sa délicate main te fera recevoir,
Celles qui remparaient d'un satin noir sa face,
Ou qui piquaient mes doigts punis de mon audace.
Coule, sang irrité, et après mon malheur
Ne change point encor ta naïve couleur,
Fais-toi son vermillon, ô plaie bienheureuse,
Qui poussant sur mon sang mon âme langoureuse
Lui donne ce soulas qu'au bout de mes douleurs
Renaîtront de ma mort tant de vives couleurs
Qui feront ma sévère, à nulle autre pareille,
Au lustre de mon sang reluire plus vermeille...

Sur la vitre

« mon sort, c'est un ciel qu'un rideau m'empêche de voir » *

Sur la vitre, tombe la pluie, si fine,
d'un ciel tout gris, d'un jour si court, d'un amour si fragile

Si nous partions, amie amour, pour un voyage, pour revivre,
revivre et nous aimer,
nous aimer autrement d'amour

attendre, et espérer
le retour des oiseaux de jour,
non ceux de nuit.

Plage.
Le sable est blanc de notre longue plage.
Là est l'église, où jamais ne dîmes de prière

Prière.
Le jour bleu et les oiseaux, lassés de remonter le Nord

Voyage,
sans retour, et l'improbable espoir,
vivre, seulement vivre

du ciel tout gris, du jour si court, d'un amour si fragile

« mon amant est simple
un homme simple que j'ai caché
comme la dernière trace d'une religion obscure
dans le maquis de mes seins »

Sur l'herbe

– L'abbé divague. – Et toi, marquis,
Tu mets de travers ta perruque.
– Ce vieux vin de Chypre est exquis
Moins, Camargo, que votre nuque.

– Ma flamme … – Do, mi, sol, la, si.
L'abbé, ta noirceur se dévoile !
– Que je meure, mesdames, si
Je ne vous décroche une étoile !

– Je voudrais être petit chien !
– Embrassons nos bergères, l'une
Après l'autre. – Messieurs, eh bien ?
– Do, mi, sol. – Hé ! bonsoir la Lune !

Tu me dis

« j'aime mon bonheur, il me ressemble,
étranger lui-aussi, et autiste »

tu m'as dit qu'entre nous il n'y avait pas de
place pour le malheur,
et je te crois

parce que c'est la nuit

pas de place non plus pour le doute ;
tu me dis que les heures ont un sens,
celui du futur

que déjà le soleil se lève
mais pas ici encore,
que le moment arrivera
et je te crois

ensemble parcourant les plages de l'océan
sous le sourire de la lune
ensemble écoutant le ressac
tu me dis que tout cela a un sens

et je te crois.

Tu me dis que tu prendras ma main le moment
venu
quand j'aurai peur
mais qu'il n'y a pas lieu

pas vraiment de raison de mourir avant que ne
se lève le soleil de mai
que les mouettes ne s'affairent à me distraire
pour que je ne voie pas,
que je ne voie rien d'autre que ton visage

tu me dis qu'il n'y a pas lieu de souffrir,
que tu es là

et je te crois.

J'ai encore tant de pages à tourner,
apporte-moi mes brouillons,
que je donne la dernière main
au poème de notre rencontre.

Tu me dis

combien de fois m'auras-tu dit
que seul compte le moment présent
et je te crois

puisque déjà se lève le soleil, quelque part, à
l'Est,

mais pas ici
Te connaitre

Puisqu'il me semble quelquefois
que je t'ai toujours bien connu
je sens parfois au fond de moi
que je peux toujours te connaitre.

Même lorsque les choses indicibles
auront toutes été prononcées
lorsque le vent de l'au-delà
aura arrêté de souffler.

Même lorsque la roue des carrosses
aura moisi dans la rosée
lorsque la pluie des jours de gris
se sera enfin écoulée.

Puisqu'il me semble quelquefois
que je t'ai toujours bien connu
je sens parfois au fond de moi
que je peux toujours te connaitre.

Quand la nuit aura avalé
les orages qui se sont fanés
le tremblement et les
grondements
de nos plus actives années.

Quand le soleil aura percé
la fraîcheur des tendres baisers
quand le temps sera révolu
fatigué d'avoir trop tourné.

Puisqu'il me semble quelquefois
que je t'ai toujours bien connu
je sens parfois au fond de moi
que je peux toujours te connaitre.

Stradivarius

En vous offrant
une perle de sable,
égrenée
sur le vélin
parfait
du soir
qui se déploie
le long des cyprès sombres
et de leurs ombres chaudes,
je vous écris
des rêves
que je relis,
alors,
dans le silence
brut
de mes nuits étrangères.

Votre vie
dont les rives
emplissent
mon âme
et mes passions
d'une large blessure,
comble
l'absence,
érode
la puissance,
et frileusement
frôle

la peau du temps,
comme un souffle
exhalé
de la bouche
d'un paon.

Votre riche trésor,
vos livres
qui m'enivrent
et les toiles
exquises
que vous buvez
de votre regard pur,
illuminent
parfois
ma si fragile paix.

Des amas
de chairs crues
et des cahiers
flétris
à la cendre
des mots,
tyrannisent
mes jours
de leurs
stériles plaies.

Toujours,
repaissez-moi de vos extases,
que j'attache souvent
à mon œuvre de vivre.

Steam-boat

A une passagère.
En fumée elle est donc chassée
L'éternité, la traversée
Qui fit de Vous ma soeur d'un jour,
Ma soeur d'amour ! ...

Là-bas : cette mer incolore
Où ce qui fut Toi flotte encore...
Ici : la terre, ton écueil,
Tertre de deuil !

On t'espère là... Va légère !
Qui te bercera, Passagère?...
Ô passagère [de] mon coeur,
Ton remorqueur ! ...

Quel ménélas, sur son rivage,
Fait le pied ?... – Va, j'ai ton sillage...
J'ai, – quand il est là voir venir, –
Ton souvenir !

Il n'aura pas, lui, ma Peureuse,
Les sauts de ta gorge houleuse !...
Tes sourcils salés de poudrain
Pendant un grain !

Il ne t'aura pas : effrontée !
Par tes cheveux au vent fouettée !...
Ni, durant les longs quarts de nuit,

Ton doux ennui…

Ni ma poésie où : – Posée,
Tu seras la mouette blessée,
Et moi le flot qu'elle rasa…,
Et coetera.
– Le large, bête sans limite,
Me paraîtra bien grand, Petite,
Sans Toi ! … Rien n'est plus l'horizon
Qu'une cloison,

Qu'elle va me sembler étroite !
Tout seul, la boîte à deux ! … la boîte
Où nous n'avions qu'un oreiller
Pour sommeiller.

Déjà le soleil se fait sombre
Qui ne balance plus ton ombre,
Et la houle a fait un grand pli…
– Comme l'oubli ! –

Ainsi déchantait sa fortune,
En vigie, au sec, dans la hune,
Par un soir frais, vers le matin,
Un pilotin.

Souvenir

En vain le jour succède au jour,
Ils glissent sans laisser de trace ;
Dans mon âme rien ne t'efface,
Ô dernier songe de l'amour !

Je vois mes rapides années
S'accumuler derrière moi,
Comme le chêne autour de soi
Voit tomber ses feuilles fanées.

Mon front est blanchi par le temps ;
Mon sang refroidi coule à peine,
Semblable à cette onde qu'enchaîne
Le souffle glacé des autans.

Mais ta jeune et brillante image,
Que le regret vient embellir,
Dans mon sein ne saurait vieillir
Comme l'âme, elle n'a point d'âge.

Non, tu n'as pas quitté mes yeux;
Et quand mon regard solitaire
Cessa de te voir sur la terre,
Soudain je te vis dans les cieux.

Là, tu m'apparais telle encore
Que tu fus à ce dernier jour,
Quand vers ton céleste séjour
Tu t'envolas avec l'aurore.

Ta pure et touchante beauté
Dans les cieux même t'a suivie ;
Tes yeux, où s'éteignait la vie,
Rayonnent d'immortalité !

Du zéphyr l'amoureuse haleine
Soulève encor tes longs cheveux ;
Sur ton sein leurs flots onduleux
Retombent en tresses d'ébène,

L'ombre de ce voile incertain
Adoucit encor ton image,
Comme l'aube qui se dégage
Des derniers voiles du matin.

Du soleil la céleste flamme
Avec les jours revient et fuit ;
Mais mon amour n'a pas de nuit,
Et tu luis toujours sur mon âme.

C'est toi que j'entends, que je vois,
Dans le désert, dans le nuage;
L'onde réfléchit ton image;
Le zéphyr m'apporte ta voix.

Tandis que la terre sommeille,
Si j'entends le vent soupirer,
Je crois t'entendre murmurer
Des mots sacrés à mon oreille.

Si j'admire ces feux épars

Qui des nuits parsèment le voile,
Je crois te voir dans chaque étoile
Qui plaît le plus à mes regards.

Et si le souffle du zéphyr
M'enivre du parfum des fleurs.
Dans ses plus suaves odeurs
C'est ton souffle que je respire.

C'est ta main qui sèche mes pleurs,
Quand je vais, triste et solitaire,
Répandre en secret ma prière
Près des autels consolateurs.

Quand je dors, tu veilles dans l'ombre ;
Tes ailes reposent sur moi ;
Tous mes songes viennent de toi,
Doux comme le regard d'une ombre.

Pendant mon sommeil, si ta main
De mes jours déliait la trame,
Céleste moitié de mon âme,
J'irais m'éveiller dans ton sein !

Comme deux rayons de l'aurore,
Comme deux soupirs confondus,
Nos deux âmes ne forment plus
Qu'une âme, et je soupire encore !

Sonnet à mon ami R…

J'avais toujours rêvé le bonheur en ménage,
Comme un port où le cœur, trop longtemps agité,
Vient trouver, à la fin d'un long pèlerinage,
Un dernier jour de calme et de sérénité.

Une femme modeste, à peu près de mon âge
Et deux petits enfants jouant à son côté ;
Un cercle peu nombreux d'amis du voisinage,
Et de joyeux propos dans les beaux soirs d'été.

J'abandonnais l'amour à la jeunesse ardente
Je voulais une amie, une âme confidente,
Où cacher mes chagrins, qu'elle seule aurait lus ;

Le ciel m'a donné plus que je n'osais prétendre ;
L'amitié, par le temps, a pris un nom plus tendre,
Et l'amour arriva qu'on ne l'attendait plus.

Sonnet à Miora

Je vous envoie un bouquet que ma main
Vient de trier de ces fleurs épanouies ;
Qui ne les eût à ce vêpres cueillies,
Chutes à terre elles fussent demain.
Cela vous soit un exemple certain
Que vos beautés, bien qu'elles soient fleuries,
En peu de temps cherront, toutes flétries,
Et, comme fleurs, périront tout soudain.

Le temps s'en va, le temps s'en va, ma dame
Las ! le temps, non, mais nous nous en allons,
Et tôt serons étendus sous la lame ;

Et des amours desquelles nous parlons,
Quand serons morts, n'en sera plus nouvelle.
Pour c'aimez-moi cependant qu'êtes belle.

Sonnet
Mon âme a son secret, ma vie a son mystère,
Un amour éternel en un moment conçu :
Le mal est sans espoir, aussi j'ai dû le taire,
Et celle qui l'a fait n'en a jamais rien su.

Hélas ! j'aurai passé près d'elle inaperçu,
Toujours à ses côtés, et pourtant solitaire.
Et j'aurai jusqu'au bout fait mon temps sur la
terre,
N'osant rien demander et n'ayant rien reçu.

Pour elle, quoique Dieu l'ait faite douce et
tendre,
Elle suit son chemin, distraite et sans entendre
Ce murmure d'amour élevé sur ses pas.

À l'austère devoir, pieusement fidèle,
Elle dira, lisant ces vers tout remplis d'elle
» Quelle est donc cette femme ? » et ne
comprendra pas

Son nid

quelque part je t'ai choisi
comme mon arbre jumeau
tu es née sur un nuage
roses et bleuets
et de ton rire tu as saupoudré mon enfance
nominale, tu es
dans l'équation de ma vie
un hommage collatéral d'une beauté sincère

main dans la main
et toujours le jasmin

Sommation sans respect

Je connaissais fort peu votre mari, madame ;
Il était gros et laid, je n'en savais pas plus.
Mais on n'est pas fâché, quand on aime une femme,
Que le mari soit borgne ou bancal ou perclus.

Je sentais que cet être inoffensif et bête
Se trouvait trop petit pour être dangereux,
Qu'il pouvait demeurer debout entre nous deux,
Que nous nous aimerions au-dessus de sa tête.

Et puis, que m'importait d'ailleurs ?
Mais aujourd'hui
Il vous vient à l'esprit je ne sais quel caprice.
Vous parlez de serments, devoir et sacrifice
Et remords éternels !... Et tout cela pour lui ?

Y songez-vous, madame ? Et vous croyez vous née,
Vous, jeune, belle, avec le coeur gonflé d'espoir,
Pour vivre chaque jour et dormir chaque soir
Auprès de ce magot qui vous a profanée ?

Quoi ! Pourriez-vous avoir un instant de remords ?
Est-ce qu'on peut tromper cet avorton bonasse,
Eunuque, je suppose, et d'esprit et de corps,
Qui m'étonnerait bien s'il laissait de sa race ?

Regardez-le, madame, il a les yeux percés
Comme deux petits trous dans un muid de résine.
Ses membres sont trop courts et semblent mal poussés,
Et son ventre étonnant, où sombre sa poitrine,

En toute occasion doit le gêner beaucoup.
Quand il dîne, il suspend sa serviette à son cou
Pour ne point maculer son plastron de chemise
Qu'il a d'ailleurs poivré de tabac, car il prise.

Une fois au salon il s'assied à l'écart,
Tout seul dans un coin noir, ou bien s'en va sans morgue
A la cuisine auprès du fourneau bien chaud, car
Il sait qu'en digérant il ronfle comme un orgue.

Il fait des jeux de mots avec sérénité ;
Vous appelle : « ma chatte » et : « ma cocotte aimée »,
Et veut, pour toute gloire et toute renommée,
Être, en leurs différends, des voisins consulté.

On dit partout de lui que c'est un bien brave homme.
Il a de l'ordre, il est soigneux, sage, économe,
Surveille la servante et lui prend le mollet,
Mais ne va pas plus haut... Elle le trouve laid.

Il cache la bougie et tient compte du sucre,
Volontiers se mettrait à ravauder ses bas

Et, bien qu'il ait très fort au coeur l'amour du lucre,

Il vous aime peut-être aussi. Dans tous les cas

Il ne vous comprend point plus qu'un âne un poème.

Il vit à vos côtés, et non pas avec vous,

Et si je lui disais soudain que je vous aime,

Peut-être serait-il plus flatté que jaloux.

Soufflez, gonflez de vent ce gendarme en baudruche,

Grotesque épouvantail que sur l'amour on juche,

Comme on met dans un arbre un mannequin de bois

Dont les oiseaux n'ont peur que la première fois.

Je vous aurai bientôt entre mes bras saisie ;

Nous allons l'un vers l'autre irrésistiblement.

Qu'il reste entre nous deux, ce bonhomme vessie,

Nous le ferons crever dans un embrassement.

Soleil et chair

Le Soleil, le foyer de tendresse et de vie,
Verse l'amour brûlant à la terre ravie,
Et, quand on est couché sur la vallée, on sent
Que la terre est nubile et déborde de sang ;
Que son immense sein, soulevé par une âme,
Est d'amour comme Dieu, de chair comme la femme,
Et qu'il renferme, gros de sève et de rayons,
Le grand fourmillement de tous les embryons !

Et tout croît, et tout monte !

– Ô Vénus, ô Déesse !
Je regrette les temps de l'antique jeunesse,
Des satyres lascifs, des faunes animaux,
Dieux qui mordaient d'amour l'écorce des rameaux
Et dans les nénufars baisaient la Nymphe blonde !
Je regrette les temps où la sève du monde,
L'eau du fleuve, le sang rose des arbres verts
Dans les veines de Pan mettaient un univers !
Où le sol palpitait, vert, sous ses pieds de chèvre ;
Où, baisant mollement le clair syrinx, sa lèvre
Modulait sous le ciel le grand hymne d'amour ;
Où, debout sur la plaine, il entendait autour
Répondre à son appel la Nature vivante ;
Où les arbres muets, berçant l'oiseau qui chante,

La terre berçant l'homme, et tout l'Océan bleu
Et tous les animaux aimaient, aimaient en Dieu !
Je regrette les temps de la grande Cybèle
Qu'on disait parcourir, gigantesquement belle,
Sur un grand char d'airain, les splendides cités ;
Son double sein versait dans les immensités
Le pur ruissellement de la vie infinie.
L'Homme suçait, heureux, sa mamelle bénie,
Comme un petit enfant, jouant sur ses genoux.
– Parce qu'il était fort, l'Homme était chaste et
doux.

Misère ! Maintenant il dit : Je sais les choses,
Et va, les yeux fermés et les oreilles closes.
Et pourtant, plus de dieux ! plus de dieux !
l'Homme est Roi,
L'Homme est Dieu ! Mais l'Amour, voilà la
grande Foi !
Oh ! si l'homme puisait encore à ta mamelle,
Grande mère des dieux et des hommes, Cybèle ;
S'il n'avait pas laissé l'immortelle Astarté
Qui jadis, émergeant dans l'immense clarté
Des flots bleus, fleur de chair que la vague
parfume,
Montra son nombril rose où vint neiger l'écume,
Et fit chanter, Déesse aux grands yeux noirs
vainqueurs,
Le rossignol aux bois et l'amour dans les coeurs
!

II
Je crois en toi ! je crois en toi ! Divine mère,

Aphrodite marine ! – Oh ! la route est amère
Depuis que l'autre Dieu nous attelle à sa croix ;
Chair, Marbre, Fleur, Vénus, c'est en toi que je
crois !

– Oui, l'Homme est triste et laid, triste sous le
ciel vaste.
Il a des vêtements, parce qu'il n'est plus chaste,
Parce qu'il a sali son fier buste de dieu,
Et qu'il a rabougri, comme une idole au feu,
Son corps Olympien aux servitudes sales !
Oui, même après la mort, dans les squelettes
pâles
Il veut vivre, insultant la première beauté !
– Et l'Idole où tu mis tant de virginité,
Où tu divinisas notre argile, la Femme,
Afin que l'Homme pût éclairer sa pauvre âme
Et monter lentement, dans un immense amour,
De la prison terrestre à la beauté du jour,
La Femme ne sait plus même être courtisane !
– C'est une bonne farce ! et le monde ricane
Au nom doux et sacré de la grande Vénus !

III

Si les temps revenaient, les temps qui sont
venus !
– Car l'Homme a fini ! l'Homme a joué tous les
rôles !
Au grand jour, fatigué de briser des idoles,
Il ressuscitera, libre de tous ses Dieux,
Et, comme il est du ciel, il scrutera les cieux !
L'Idéal, la pensée invincible, éternelle,

Tout ; le dieu qui vit, sous son argile charnelle,
Montera, montera, brûlera sous son front !
Et quand tu le verras sonder tout l'horizon,
Contempteur des vieux jougs, libre de toute crainte,
Tu viendras lui donner la Rédemption sainte !
– Splendide, radieuse, au sein des grandes mers
Tu surgiras, jetant sur le vaste Univers
L'Amour infini dans un infini sourire !
Le Monde vibrera comme une immense lyre
Dans le frémissement d'un immense baiser !

– Le Monde a soif d'amour : tu viendras l'apaiser.

Ô ! L'Homme a relevé sa tête libre et fière !
Et le rayon soudain de la beauté première
Fait palpiter le dieu dans l'autel de la chair !
Heureux du bien présent, pâle du mal souffert,
L'Homme veut tout sonder, – et savoir ! La Pensée,
La cavale longtemps, si longtemps oppressée
S'élance de son front ! Elle saura Pourquoi !…
Qu'elle bondisse libre, et l'Homme aura la Foi !
– Pourquoi l'azur muet et l'espace insondable ?
Pourquoi les astres d'or fourmillant comme un sable ?
Si l'on montait toujours, que verrait-on là-haut ?
Un Pasteur mène-t-il cet immense troupeau
De mondes cheminant dans l'horreur de l'espace ?

Et tous ces mondes-là, que l'éther vaste embrasse,

Vibrent-ils aux accents d'une éternelle voix ?

– Et l'Homme, peut-il voir ? peut-il dire : Je crois ?

La voix de la pensée est-elle plus qu'un rêve ?

Si l'homme naît si tôt, si la vie est si brève,

D'où vient-il ? Sombre-t-il dans l'Océan profond

Des Germes, des Foetus, des Embryons, au fond

De l'immense Creuset d'où la Mère-Nature

Le ressuscitera, vivante créature,

Pour aimer dans la rose, et croître dans les blés ?...

Nous ne pouvons savoir ! – Nous sommes accablés

D'un manteau d'ignorance et d'étroites chimères !

Singes d'hommes tombés de la vulve des mères,

Notre pâle raison nous cache l'infini !

Nous voulons regarder : – le Doute nous punit !

Le doute, morne oiseau, nous frappe de son aile...

– Et l'horizon s'enfuit d'une fuite éternelle !...

Le grand ciel est ouvert ! les mystères sont morts

Devant l'Homme, debout, qui croise ses bras forts

Dans l'immense splendeur de la riche nature !

Il chante... et le bois chante, et le fleuve murmure

Un chant plein de bonheur qui monte vers le jour !...

– C'est la Rédemption ! c'est l'amour ! c'est l'amour !...

IV

Ô splendeur de la chair ! ô splendeur idéale !
Ô renouveau d'amour, aurore triomphale
Où, courbant à leurs pieds les Dieux et les Héros,
Kallipyge la blanche et le petit Éros
Effleureront, couverts de la neige des roses,
Les femmes et les fleurs sous leurs beaux pieds écloses !
– Ô grande Ariadné, qui jettes tes sanglots
Sur la rive, en voyant fuir là-bas sur les flots,
Blanche sous le soleil, la voile de Thésée,
Ô douce vierge enfant qu'une nuit a brisée,
Tais-toi ! Sur son char d'or brodé de noirs raisins,
Lysios, promené dans les champs Phrygiens
Par les tigres lascifs et les panthères rousses,
Le long des fleuves bleus rougit les sombres mousses.
– Zeus, Taureau, sur son cou berce comme une enfant
Le corps nu d'Europé, qui jette son bras blanc
Au cou nerveux du Dieu frissonnant dans la vague.
Il tourne lentement vers elle son oeil vague ;
Elle, laisse traîner sa pâle joue en fleur,

Au front de Zeus ; ses yeux sont fermés ; elle meurt
   Dans un divin baiser, et le flot qui murmure
   De son écume d'or fleurit sa chevelure.
   – Entre le laurier-rose et le lotus jaseur
   Glisse amoureusement le grand Cygne rêveur
   Embrassant la Léda des blancheurs de son aile ;
   – Et tandis que Cypris passe, étrangement belle,
   Et, cambrant les rondeurs splendides de ses reins,
   Étale fièrement l'or de ses larges seins
   Et son ventre neigeux brodé de mousse noire,
   – Héraclès, le Dompteur, qui, comme d'une gloire,
   Fort, ceint son vaste corps de la peau du lion,
   S'avance, front terrible et doux, à l'horizon !

   Par la lune d'été vaguement éclairée,
   Debout, nue, et rêvant dans sa pâleur dorée
   Que tache le flot lourd de ses longs cheveux bleus,
   Dans la clairière sombre où la mousse s'étoile,
   La Dryade regarde au ciel silencieux…
   – La blanche Séléné laisse flotter son voile,
   Craintive, sur les pieds du bel Endymion,
   Et lui jette un baiser dans un pâle rayon…
   – La Source pleure au loin dans une longue extase…
   C'est la Nymphe qui rêve, un coude sur son vase,
   Au beau jeune homme blanc que son onde a pressé.

– Une brise d'amour dans la nuit a passé,

Et, dans les bois sacrés, dans l'horreur des grands arbres,

Majestueusement debout, les sombres Marbres,

Les Dieux, au front desquels le Bouvreuil fait son nid,

– Les Dieux écoutent l'Homme et le Monde infini !

Soleil d'été

Soleil d'été
Tu viens caresser ma peau
c'est la plus douce des sensations
que je puisse sentir

Soleil d'été
Tu illumines les jours les plus beaux
et le chemin des passions
à venir

Soleil d'été
Tu te couches à l'horizon
au dessus d'une mer qui ne peut
que rougir

Soleil d'été
Tu brilles avec l'Amour
comme si l'éternité était avant
l'Avenir

Silence bombardé

Silence bombardé par les froides étoiles
Ô mon amour tacite et noir
Lamente-toi, puis soudain éclate en sanglots…
Là-bas, voici les blanches voiles
Des projecteurs jetés aux horizons d'espoir
Où la terre est creusée ainsi que sont les flots.

Adieu la nuit !
Tous les oiseaux du monde
Ont fait leur nid
Et chante à la ronde

Ptit Lou, je connais bien malgré tout ta douceur
En suivant le Printemps tous les jours sur la route
En me baignant le front dans cette ombreuse odeur
Qui me vient des jardins où je te revois toute.
Ainsi je gagnerai le grand cœur embaumé
De l'univers tiède et doux comme ta bouche
Et son tendre visage au bout de la mi-mai
S'offre à moi tout à coup langoureux sur sa couche
De pétales d'iris, de grappes de lilas.
Ptit Lou d'Amour je sens à mon cou tes bras roses :
Cette île de corail qui sort de tes yeux las
Et que sur l'océan de l'Amour tu disposes.

« Tu me demandes trop d'aimer sans être aimé
Tu me demande trop peut-être »…
Disait en souriant le doux soleil de mai
À la belle fenêtre
« Tu veux que chaque jour
Les longs rayons de mon amour
T'illuminent, mon cœur, ainsi qu'une caresse
Et toi ,toi que me donnes-tu ?»
« Turlututu
Dit la fenêtre
Écoute-moi soleil mon maître
Je ne suis belle que par toi
J'existe par ta lumière,
À part l'obscurité de la chambre, ma foi
Je ne possède rien de rien; pénètre-moi
Et tout à coup je deviens belle et je suis claire.»

Ainsi, ma tendre Lou, parlèrent le Soleil
Et la sombre fenêtre.
Soudain ce fut la nuit, Il vint à disparaître
Elle mourut aussi dans un obscur sommeil
Comme un Phénix Il renaquit toujours pareil
Et son amant La vit renaître…

À cette fable il ne faut pas
Chercher une morale…

J'entends du bruit : ce sont les rats qui pas à pas
Tournent autour de ma cabane en la nuit pâle
Tournent en rond…
Et je te baise
Sur ton beau sein fait d'une rose et d'une fraise

Et tu me baises sur le FRONT

Sérénade

Sur le balcon où tu te penches
Je veux monter… efforts perdus !
Il est trop haut, et tes mains blanches
N'atteignent pas mes bras tendus.

Pour déjouer ta duègne avare,
Jette un collier, un ruban d'or ;
Ou des cordes de ta guitare
Tresse une échelle, ou bien encor…

Ôte tes fleurs, défais ton peigne,
Penche sur moi tes cheveux longs,
Torrent de jais dont le flot baigne
Ta jambe ronde et tes talons.

Aidé par cette échelle étrange,
Légèrement je gravirai,
Et jusqu'au ciel, sans être un ange,
Dans les parfums je monterai !

Se voir le plus possible…

Se voir le plus possible et s'aimer seulement,
Sans ruse et sans détours, sans honte ni
mensonge,
Sans qu'un désir nous trompe, ou qu'un
remords nous ronge,
Vivre à deux et donner son coeur à tout
moment ;

Respecter sa pensée aussi loin qu'on y plonge,
Faire de son amour un jour au lieu d'un songe,
Et dans cette clarté respirer librement –
Ainsi respirait Laure et chantait son amant.

Vous dont chaque pas touche à la grâce
suprême,
Cest vous, la tête en fleurs, qu'on croirait sans
souci,
C'est vous qui me disiez qu'il faut aimer ainsi.

Et c'est moi, vieil enfant du doute et du
blasphème,
Qui vous écoute, et pense, et vous réponds ceci :
Oui, l'on vit autrement, mais c'est ainsi qu'on
aime.